The Mysterious Rhapsody of Cats and Other Bilingual Croatian-English Short Stories

Coledown Bilingual Books

Published by Coledown Bilingual Books, 2023.

While every precaution has been taken in the preparation of this book, the publisher assumes no responsibility for errors or omissions, or for damages resulting from the use of the information contained herein.

THE MYSTERIOUS RHAPSODY OF CATS AND OTHER BILINGUAL CROATIAN-ENGLISH SHORT STORIES

First edition. July 18, 2023.

Copyright © 2023 Coledown Bilingual Books.

ISBN: 979-8223058502

Written by Coledown Bilingual Books.

Table of Contents

Tajna starog dvorca

Bio jednom davno u malom obalnom gradiću na hrvatskoj obali predivan dvorac koji je ležao iznad litice, okružen prostranim vrtom prepunim cvijeća i šarenih ptica. Dvorac je bio poznat po svojoj tajanstvenosti i mnogi su se pitale što se krije iza njegovih zidina.

Mještani grada pričali su legende o tajnim prolazima i zakopanom blagu koje su vjekovima kružile među njima. Nitko nije znao istinu, a dvorac je godinama bio napušten, postajući samo zaboravljen spomenik prošlosti.

Jednoga sunčanog dana, u tom usnulom gradiću, djevojčica po imenu Lana lutala je uskim uličicama. Lana je bila znatiželjna i neustrašiva djevojčica, uvijek spremna za nova istraživanja. Primijetila je stari dvorac i odlučila istražiti njegove tajne.

Ušla je kroz hrđava vrata dvorca i koračala po prašnjavim hodnicima. Svaki korak koji je napravila odjekivao je u tišini dvorca. Lana je bila zapanjena njegovom ljepotom i misterijom koja je lebdjela u zraku.

Dok je istraživala dvorac, Lana je primijetila staru knjigu na prašnjavom stolu. Bila je to dnevnička bilješka koja je opisivala događaje koji su se odvijali u dvorcu prije mnogo godina. Lana je počela čitati i otkrivala sve više o tajnama koje je dvorac skrivao.

U dnevniku je pisalo o skrivenim sobama i tajnim hodnicima koji su vodili do podzemnih prolaza. Lana je osjetila uzbuđenje i odlučila istražiti te prolaze. Slijedeći tragove iz dnevnika, pronašla je skriveni ulaz koji je vodio u podzemni labirint.

Dok je prolazila kroz mračne prolaze, osjećaj tajanstvenosti je rastao. Nakon dugog lutanja, Lana je došla do velikih drvenih vrata. Bila su prekrivena prašinom i zaključana. Lana je znala da su vrata ključ za otkrivanje najveće tajne dvorca.

Sjećajući se dnevnika, Lana je tražila ključ koji je bio skriven negdje u labirintu. Nakon nekoliko minuta traženja, uspjela je pronaći ključ skriven u starom ormariću. Uzbuđenje ju je obuzelo jer je znala da je blago sada nadohvat ruke.

Otvorila je vrata i zatekla se u prekrasnoj dvorani. Sijala je zlatom i draguljima, a na sredini je stajala kovčeg. Lana je otvorila kovčeg i zapanjeno gledala u blago koje je bilo pred njom.

Ali blago nije bilo obično zlato ili dragulji. Bili su to stari rukopisi, knjige i zemljovidi. Shvatila je da je ovo bila zbirka znanja i povijesti koja je bila sakrivena godinama.

Lana je odnijela blago natrag u grad i podijelila ga s lokalnim muzejem. Ljudi su bili oduševljeni otkrićem i dvorac je ponovno postao živo središte kulture i povijesti.

Lana je postala lokalna junakinja i njeno istraživanje privuklo je pažnju diljem zemlje. Knjige su napisane o njenom otkriću, a dvorac je privlačio posjetitelje iz svih krajeva svijeta.

Tajna starog dvorca je konačno otkrivena, ali legende su ostale i dalje živjele među ljudima. Lana je naučila da istraživanje, hrabrost i znatiželja mogu donijeti najveće blago koje je mogla zamisliti - blago znanja i povijesti koje će se prenositi s generacije na generaciju.

The Secret of the Old Castle

Once upon a time, in a small coastal town on the Croatian shore, there was a beautiful castle nestled above a cliff, surrounded by a spacious garden filled with flowers and colorful birds. The castle was known for its mystery, and many wondered what lay behind its walls.

The town's locals shared legends of secret passages and buried treasure that had circulated among them for centuries. No one knew the truth, and the castle had been abandoned for years, becoming a forgotten monument of the past.

One sunny day, in that sleepy town, a girl named Lana wandered through its narrow streets. Lana was a curious and fearless girl, always ready for new adventures. She noticed the old castle and decided to explore its secrets.

She entered through the rusty castle gates and walked along dusty corridors. Every step she took echoed in the castle's silence. Lana was amazed by its beauty and the mystery that hung in the air.

While exploring the castle, Lana noticed an old book on a dusty table. It was a diary that described events that had taken place in the castle many years ago. Lana began reading and discovered more about the secrets hidden within the castle.

The diary revealed hidden rooms and secret passages that led to underground tunnels. Lana felt excitement surge within her and decided to explore those passages. Following the clues from the diary, she found a concealed entrance that led to an underground labyrinth.

As she walked through the dark passages, the sense of mystery grew. After a long journey, Lana arrived at large wooden doors covered in dust and locked shut. Lana knew that these doors held the key to unveiling the castle's greatest secret.

Recalling the diary, Lana searched for the key hidden somewhere in the labyrinth. After a few minutes of searching, she managed to find the key tucked away in an old cabinet. Excitement overwhelmed her as she realized that the treasure was now within her reach.

She opened the doors and found herself in a magnificent hall. It glittered with gold and gemstones, with a chest placed in the center. Lana opened the chest and gazed in awe at the treasure before her.

But the treasure wasn't ordinary gold or gemstones. It consisted of ancient manuscripts, books, and maps. Lana realized that this was a collection of knowledge and history that had been hidden for years.

Lana brought the treasure back to the town and shared it with the local museum. People were thrilled by the discovery, and the castle became a vibrant center of culture and history once again.

Lana became a local heroine, and her exploration attracted attention from all over the country. Books were written about her discovery, and the castle drew visitors from around the world.

The secret of the old castle had finally been revealed, but the legends continued to live on among the people. Lana learned that exploration, courage, and curiosity can bring the greatest treasure one can imagine—the treasure of knowledge and history passed down from generation to generation.

Neodoljivi mirisi života

Bio jednom jedan mali gradić smješten na obali Jadranskog mora, okružen prekrasnim kamenim kućama i slikovitim uličicama. To je bio gradić prepun šarma i ljubaznih ljudi, a središte njegovog života bila je tržnica.

Svake subote, tržnica bi se pretvorila u čarobno mjesto, obasjano suncem i ispunjeno neodoljivim mirisima svježeg voća, povrća i začina. U rano jutro, prodavači bi donijeli svoje bogate plodove sa obližnjih polja i ribari bi donosili svoj svježi ulov.

Među prodavačima na tržnici bio je i stari Luka, jedan od najsimpatičnijih likova u gradiću. Luka je bio miran i nasmijan čovjek, uvijek spreman razgovarati s kupcima i podijeliti priče o svojim plodovima. Njegova štand s voćem i povrćem bio je prepun boja i mirisa, privlačeći sve koji su prošli pored njega.

Jednog sunčanog jutra, mlada djevojka po imenu Ivana dolazi na tržnicu. Ivana je bila zaljubljena u mirise i okuse koje je tržnica pružala. Odlučila je istražiti sve kutke tržnice i upiti se u tajne koje su se krije iza nje.

Dok je šetala između štandova, Ivana je primijetila Luku i njegov štand prepun sočnih plodova. Osjećaj topline i dobrodošlice preplavio ju je kada je Luka nasmiješeno pozdravio.

"Mlada dama, dobrodošla na najčarobnije mjesto u gradu!", pozdravio ju je Luka.

Ivana se nasmijala i zahvalila na dobrodošlici. Zanimalo ju je otkud Luki toliko strastvenosti prema svom poslu.

"Luko, vidim da s ljubavlju pristupaš svojim plodovima. Što te čini tako posebnim?", upitala je Ivana.

Luka je zastao trenutak i s osmjehom odgovorio: "Gospođice, ljubav prema plodovima zemlje dolazi iz srca. Svako voće, svako povrće ima svoju priču koju želim podijeliti sa svijetom."

Intrigirana Lukaovim odgovorom, Ivana je počela dolaziti na tržnicu svake subote i provoditi vrijeme s Lukom. Slušala je njegove priče o svakom plodu, upijala mirise i okuse i učila o tome kako odabrati najsvježije plodove.

Kroz svoje vrijeme s Lukom, Ivana je otkrila da iza svakog ploda stoji rad i strast ljudi koji su ga uzgajali. Upoznala je malu obitelj iz obližnjeg sela koja je uzgajala sočne trešnje, ribara čija je ulovila bila najsvježija, te stariju ženu koja je s ljubavlju uzgajala mirisne začine.

Jednoga dana, Ivana je primijetila da je na tržnici nestao mirisni ružmarin koji je uvijek bio na Lukićevom štandu. Bila je zabrinuta i upitala Luku što se dogodilo.

Luka je sa suzom u oku objasnio kako mu je supruga preminula i kako je ružmarin bio njen omiljeni začin. Nakon njenog odlaska, više nije mogao dobiti snop ružmarina koji je voljela i sada je njegov štand izgubio njegov mirisni šarm.

Ivana je osjetila tugovanje koje je Luka osjećao i odlučila mu pomoći. Obišla je sve obližnje trgovine i farme kako bi pronašla ružmarin koji će uljepšati Lukićev štand. Nakon nekoliko dana traganja, napokon je pronašla ružmarin u jednoj udaljenoj farmi.

Kada je Ivana donijela ružmarin na tržnicu, Luka je zanijemio od iznenađenja. Suze radosnice potekle su niz njegove obraze.

"Hvala ti, Ivana! Ovo je najljepši dar koji sam mogao zamisliti. Vraćaš mi miris života", rekao je Luka s dubokim zahvalnošću.

Od tog trenutka, Lukaov štand ponovno je zračio mirisom ružmarina, a tržnica je bila ispunjena osmjesima i ljubaznošću. Ivana je naučila kako mali gesta ljubaznosti može donijeti radost i ljepotu u živote drugih ljudi.

Tako su Ivana i Luka postali nerazdvojni prijatelji. Njihova ljubav prema tržnici i mirisima života bila je inspiracija za cijeli grad. Tržnica je postala mjesto gdje su ljudi dolazili ne samo kupovati, već i razmjenjivati priče, osjećaje i sretne trenutke.

Na kraju, tržnica je postala srce grada, mjesto koje je donosilo radost i povezivalo ljude. I dok su mirisi voća, povrća i začina plešući lebdjeli zrakom, život u tom malom obalnom gradiću nikada nije bio ljepši.

The Irresistible Scents of Life

Once upon a time, there was a small town nestled on the Adriatic coast, surrounded by beautiful stone houses and picturesque streets. It was a charming town filled with friendly people, and the center of its life was the market.

Every Saturday, the market transformed into a magical place, bathed in sunlight and filled with irresistible scents of fresh fruits, vegetables, and spices. In the early morning, vendors would bring their abundant harvests from nearby fields, and fishermen would bring their fresh catch.

Among the vendors at the market was old Luka, one of the most endearing characters in town. Luka was a calm and cheerful man, always ready to chat with customers and share stories about his produce. His fruit and vegetable stall was bursting with colors and fragrances, attracting anyone who passed by.

One sunny morning, a young girl named Ivana arrived at the market. Ivana was in love with the scents and flavors that the market offered. She decided to explore every corner of the market and uncover the secrets it held.

As she walked among the stalls, Ivana noticed Luka and his stall filled with juicy fruits. A feeling of warmth and welcome enveloped her as Luka greeted her with a smile.

"Young lady, welcome to the most magical place in town!" Luka greeted her.

Ivana laughed and thanked him for the warm welcome. She was curious to know what made Luka so special.

"Luka, I see the passion you bring to your produce. What makes you so unique?" Ivana asked.

Luka paused for a moment and replied with a smile, "My dear, the love for the fruits of the earth comes from the heart. Every fruit, every vegetable has its own story that I want to share with the world."

Intrigued by Luka's answer, Ivana began visiting the market every Saturday and spending time with Luka. She listened to his stories about each fruit, absorbed the scents and flavors, and learned how to choose the freshest produce.

Through her time with Luka, Ivana discovered that behind every fruit was the hard work and passion of the people who cultivated them. She met a small family from a nearby village who grew succulent cherries, a fisherman whose catch was always the freshest, and an elderly woman who lovingly grew aromatic herbs.

One day, Ivana noticed that the fragrant rosemary, which had always adorned Luka's stall, was missing from the display. She grew concerned and asked Luka what had happened.

With a tear in his eye, Luka explained that his wife had passed away, and the rosemary had been her favorite herb. Since her departure, he could no longer find the bundles of rosemary she loved, and his stall had lost its fragrant charm.

Ivana felt the sadness that Luka carried and decided to help him. She visited every nearby store and farm in search of rosemary that would bring back the charm to Luka's stall. After a few days of searching, she finally found rosemary at a distant farm.

When Ivana brought the rosemary to the market, Luka was speechless with surprise. Tears of joy streamed down his cheeks.

"Thank you, Ivana! This is the most beautiful gift I could imagine. You have brought back the scent of life to me," Luka said with deep gratitude.

From that moment on, Luka's stall once again emanated the fragrance of rosemary, and the market was filled with smiles and kindness. Ivana learned that a small act of kindness could bring joy and beauty into the lives of others.

Thus, Ivana and Luka became inseparable friends. Their love for the market and the scents of life became an inspiration for the entire town. The market became a place where people came not only to shop but also to exchange stories, feelings, and moments of happiness.

In the end, the market became the heart of the town, a place that brought joy and connected people. And as the scents of fruits, vegetables, and spices danced through the air, life in that small coastal town had never been more beautiful.

Tajanstvena rapsodija mačaka

Bio jednom jedan slikoviti gradić smješten na obali Jadranskog mora, gdje su uske ulice i šarene kuće stvarale idiličnu sliku. U tom gradiću živjela je nevjerojatna zajednica mačaka koje su obitavale u svim zakutcima grada.

Ove mačke bile su posebne - svaka od njih je imala svoju jedinstvenu osobnost i pripadala je posebnom dijelu grada. Među njima je postojala tajanstvena skupina mačaka poznata kao "Mačji detektivi". Ovi detektivi bili su poznati po svojoj oštroumnosti i hrabrosti, uvijek spremni riješiti svaku misteriju koja se pojavila.

Vođa Mačjih detektiva bio je stari mačak po imenu Gospodin Mjau. Bio je elegantan i mudar mačak s prepoznatljivim bijelim brkovima. Gospodin Mjau je bio vrstan detektiv i svi mačji stanovnici grada su ga poštovali i divili mu se.

Jednoga dana, u malom restoranu smještenom na glavnom trgu, Gospodin Mjau je primijetio uznemirenost među mačkama. Čuo je glasine o nestanku dragocjenog dijamanta iz muzeja u gradu.

Gospodin Mjau nije mogao odoljeti zovu avanture i odlučio je istražiti ovu misteriju. Okupio je svoj tim Mačjih detektiva - hrabrog i odanog Gara, inteligentnu i brzu Lisu te smirenog i vještog Mačka Ivana.

Gospodin Mjau i njegovi detektivi započeli su svoju istragu, postavljajući pitanja i sakupljajući tragove po gradu. Svaka mačka u gradu imala je svoju teoriju o tome tko bi mogao biti krivac, ali nitko nije imao čvrste dokaze.

Dok su istraživali, Mačji detektivi upoznali su različite likove u gradu. Susreli su se s šarmantnom mačkom Mimi, koja je vodila slastičarnicu, te s tajanstvenim mačkom Tomom, koji je bio poznat po svojoj vještini krađe. Svaka od ovih mačaka imala je svoju priču, a Gospodin Mjau i njegovi detektivi su pažljivo slušali njihove riječi i tražili tragove.

Nakon dana istraživanja, Mačji detektivi su se sastali u svojoj tajnoj bazi - starom napuštenom vrtu smještenom na rubu grada. Pod zvijezdama su raspravljali o svojim saznanjima i pokušali složiti slagalicu koja će otkriti tko je krivac za nestanak dragocjenog dijamanta.

Gara je primijetila neobičan događaj - svjetlost koja je prošla kroz vrhove stabala u vrtu. Brzo su shvatili da je to trag koji ih vodi do rješenja misterije.

Uspjeli su otkriti da je dijamant ukrao mačak Tom, koji je planirao prodati dragulj i pobjeći iz grada. Gospodin Mjau i njegovi detektivi odlučili su uhvatiti Toma prije nego što napusti gradić.

Nakon nekoliko vještih poteza, Mačji detektivi su uspjeli uhvatiti Toma u trenutku kada je pokušavao pobjeći s dragocjenim dijamantom. Tom je bio iznenađen i prestrašen, priznajući svoj zločin.

Gospodin Mjau je odlučio dati Tomu drugu šansu. Shvatio je da je Tom bio motiviran osjećajem nepravde i usamljenosti. Odlučio ga je prihvatiti u zajednicu Mačjih detektiva i pružiti mu priliku da se iskupi za svoje postupke.

Nakon što se dijamant vratio u muzej, grad je proslavio hrabrost i oštroumnost Mačjih detektiva. Gospodin Mjau, Gara, Lisa, Mačak Ivan i Tom postali su junaci grada.

Tajanstvena rapsodija mačaka nastavila se i dalje u gradu. Gospodin Mjau i njegovi detektivi nastavili su rješavati različite misterije, a mačji stanovnici su bili sretni što žive u gradu gdje se hrabrost, prijateljstvo i iskupljenje cijene.

I tako, svaka noć, dok su zvijezde sjale na nebu, Mačji detektivi su patrolirali gradom, spremni otkriti svaku tajnu koja se krije u njihovom čarobnom svijetu. Jer kad je riječ o Mačjim detektivima, tajne nikad nisu zauvijek zaključane - čekaju samo da budu otkrivene.

The Mysterious Rhapsody of Cats

Once upon a time, there was a picturesque town nestled on the Adriatic coast, where narrow streets and colorful houses created an idyllic scene. In this town, an incredible community of cats resided, occupying every nook and cranny.

These cats were special; each had its unique personality and belonged to a specific part of the town. Among them was a mysterious group of cats known as the "Cat Detectives." These detectives were renowned for their sharpness and bravery, always ready to solve any mystery that arose.

The leader of the Cat Detectives was an old cat named Mr. Meow. He was an elegant and wise cat with distinctive white whiskers. Mr. Meow was a skilled detective, and all the feline inhabitants of the town respected and admired him.

One day, at a small restaurant located in the main square, Mr. Meow noticed a sense of unease among the cats. He heard rumors about the disappearance of a precious diamond from the town museum.

Unable to resist the call of adventure, Mr. Meow decided to investigate this mystery. He gathered his team of Cat Detectives - the brave and loyal Gara, the intelligent and swift Lisa, and the calm and skillful Cat Ivan.

Mr. Meow and his detectives began their investigation, asking questions and gathering clues throughout the town. Every cat in the town had their own theory about who might be the culprit, but no one had solid evidence.

As they investigated, the Cat Detectives encountered various characters in the town. They met the charming cat Mimi, who ran a pastry shop, and the enigmatic cat Tom, known for his thieving skills. Each of these cats had their own story, and Mr. Meow and his detectives carefully listened to their words and searched for clues.

After a day of investigation, the Cat Detectives gathered in their secret base - an old abandoned garden located on the outskirts of the town. Underneath the stars, they discussed their findings and tried to piece together the puzzle that would reveal the identity of the thief responsible for the diamond's disappearance.

Gara noticed an unusual occurrence - a beam of light passing through the treetops in the garden. They quickly realized it was a clue leading them to the solution of the mystery.

They discovered that the diamond had been stolen by Tom, who planned to sell the jewel and escape the town. Mr. Meow and his detectives decided to apprehend Tom before he could leave.

With a few skilled moves, the Cat Detectives managed to catch Tom just as he was attempting to escape with the precious diamond. Tom was surprised and frightened, confessing his crime.

Mr. Meow decided to give Tom a second chance. He realized that Tom had been motivated by a sense of injustice and loneliness. He chose to welcome Tom into the Cat Detective community and give him an opportunity to redeem himself.

After the diamond was returned to the museum, the town celebrated the bravery and sharpness of the Cat Detectives. Mr. Meow, Gara, Lisa, Cat Ivan, and Tom became the heroes of the town.

The mysterious rhapsody of cats continued in the town. Mr. Meow and his detectives continued to solve various mysteries, and the feline inhabitants were happy to live in a town where courage, friendship, and redemption were valued.

And so, every night, as the stars shone in the sky, the Cat Detectives patrolled the town, ready to uncover every secret hidden in their magical world. Because when it comes to the Cat Detectives, secrets are never forever locked away - they simply await discovery.

Tajna prošlosti

Na rubu malog ribarskog sela uz obalu Jadranskog mora ležao je stari, prekriven mahovinom kamniti mlin. Taj mlin bio je jedan od rijetkih svjedoka prošlih vremena, svjedok vjekovne povijesti koja je oblikovala živote ljudi na tom području.

U sjeni mlinova kamenih zidova živio je starac po imenu Antonio. Bio je tihi čuvar povijesti, čovjek koji je znao tajne svakog kamena, svakog prastarog oruđa i svakog sloja mahovine. Starac je bio ispunjen mudrošću i oduševljenjem za sve što je prošlost ostavila za sobom.

Jednog dana, dok je Antonio polirao stare željezne ključeve koje je pronašao u prašnjavom kutku mlina, primijetio je poruku na staroj, izblijedjeloj karti. Bila je to tajanstvena poruka koja je sugerirala postojanje skrivenog blaga u obližnjoj šumi.

Oduševljen i znatiželjan, Antonio je odlučio istražiti ovu tajnu. Znao je da je to prilika da oživi prošlost i otkrije neispričane priče koje su bile zakopane u vremenu.

Antonio je pripremio svoju torbu, u koju je stavio kartu, kompas i nekoliko osnovnih potrepština. Sa svakim korakom, osjećao je kako povijest proživljava kroz njegovo tijelo. Krenuo je u šumu s osjećajem uzbuđenja i poštovanja prema svim onim koji su prije njega hodali tim stazama.

Nakon nekoliko sati hodanja, Antonio je stigao do stare, prekrivene lišćem jame. Bila je to jama koju je davno zaboravilo vrijeme, a prema staroj karti, blago bi trebalo biti zakopano duboko unutar nje.

Pažljivo je spustio sebe niz strme zidove jame koristeći se starim užetom koje je donio sa sobom. Opušten i smiren, Antonio je zaranjao u tajnoviti svijet koji je ležao ispod površine.

Nakon nekoliko trenutaka istraživanja, Antonio je primijetio sjaj u daljini. Bio je to mali škrinjica ukrašena zlatom i dragim kamenjem. Srce mu je ubrzano kucalo dok je podigao škrinjicu i otvorio je.

Umjesto očekivanog blaga, Antonio je ugledao pisma i fotografije. Bila su to pisma ljubavi, ispisana rukom zaljubljenih srca koja su nekada davno obitavala u ovom području. Fotografije su prikazivale sretne trenutke, obitelji, prijatelje i život kakav je nekad bio.

Antonio je znao da ova pisma i fotografije predstavljaju vrednu povijest i nasljeđe. Bili su to tragovi nekih prošlih vremena koja su već gotovo izblijedjela iz sjećanja ljudi. Odlučio je da ova blaga donese natrag u selo i podijeli ih s drugima.

Po povratku u selo, Antonio je organizirao izložbu u lokalnom muzeju. Pisma i fotografije postale su vodilja u obnovi sjećanja na vremena koja su prošla. Ljudi su se okupljali oko izloženih artefakata, slušajući priče starih o događajima koji su oblikovali njihove živote.

Antonio je postao pripovjedač, glas koji je prenosio povijest svoje zajednice. Njegovo istraživanje nije samo otkrilo tajnu blaga, već je oživjelo duh zajedništva i ponosa za naslijeđem koje su ljudi dijelili.

S vremenom, selo je postalo poznato kao mjesto gdje se čuvala i slavila povijest. Antonio je poučavao mlade generacije o važnosti prošlosti i o tome kako ona oblikuje njihovu sadašnjost.

Starac je shvatio da je njegovo putovanje bilo više od istraživanja skrivenog blaga. Bio je to put koji je otkrio ljepotu i snagu povijesti, ali i put koji je povezao zajednicu i obnovio njihovu ljubav prema naslijeđu.

Tajna prošlosti je bila otkrivena, ali ta tajna je donijela nešto mnogo vrijednije - duboko ukorijenjen osjećaj povezanosti među ljudima i duboko poštovanje prema svemu što je prošlost donijela. Antonio je znao da će ta povezanost i poštovanje živjeti kroz generacije, prenoseći blago prošlosti u budućnost.

The Secret of the Past

On the edge of a small fishing village along the Adriatic coast lay an old stone mill covered in moss. This mill was one of the few witnesses of bygone times, a testament to the centuries of history that shaped the lives of people in that area.

In the shadow of the mill's stone walls lived an old man named Antonio. He was a silent guardian of history, a man who knew the secrets of every stone, every ancient tool, and every layer of moss. The old man was filled with wisdom and enthusiasm for everything the past had left behind.

One day, while polishing old iron keys he found in a dusty corner of the mill, Antonio noticed a message on an old, faded map. It was a mysterious message suggesting the existence of a hidden treasure in the nearby forest.

Excited and curious, Antonio decided to explore this secret. He knew it was an opportunity to breathe life into the past and uncover untold stories that had been buried in time.

Antonio prepared his bag, placing the map, compass, and a few essential supplies inside. With each step, he felt the history come alive within him. He set off into the forest with a sense of anticipation and reverence for all those who had walked those paths before him.

After a few hours of walking, Antonio arrived at an old, leaf-covered pit. It was a pit that time had long forgotten, and according to the old map, the treasure should be buried deep within it.

Carefully lowering himself down the steep walls of the pit, using an old rope he brought with him, Antonio immersed himself in the mysterious world that lay beneath the surface.

After moments of exploration, Antonio noticed a glimmer in the distance. It was a small chest adorned with gold and precious gemstones. His heart raced as he lifted the chest and opened it.

Instead of the expected treasure, Antonio saw letters and photographs. They were love letters, written by hand by hearts once filled with passion, from a time long ago in this very area. The photographs depicted happy moments, families, friends, and a life that once was.

Antonio knew that these letters and photographs represented valuable history and heritage. They were traces of past times that had almost faded from the memories of people. He decided to bring these treasures back to the village and share them with others.

Upon returning to the village, Antonio organized an exhibition at the local museum. The letters and photographs became a guide to reviving memories of the bygone era. People gathered around the displayed artifacts, listening to the stories of the old about events that shaped their lives.

Antonio became a storyteller, a voice that transmitted the history of his community. His exploration not only revealed the secret treasure but also revived a sense of community spirit and pride in the heritage that people shared.

Over time, the village became known as a place where history was preserved and celebrated. Antonio taught younger generations about the importance of the past and how it shapes their present.

The old man realized that his journey was more than just uncovering a hidden treasure. It was a path that revealed the beauty and power of history, but also connected the community and rekindled their love for their heritage.

The secret of the past had been discovered, but that secret brought forth something much more valuable - a deep sense of connection among people and profound respect for everything the past had brought. Antonio knew that this connection and respect would live on through generations, carrying the treasure of the past into the future.

Smiješna pustolovina gospodina Kokoška

Gospodin Kokošak bio je čudan čovjek. Njegova ljubav prema pticama bila je nevjerojatna. Njegova kuća bila je puna perja, ptica koje su cvrkutale naokolo, i kavezima koji su se prostirali od poda do stropa. Ljudi u selu su ga zvali "gospodin Kokošak - čovjek koji je vjerovao da je rođen kao ptičica".

Jednog dana, dok je gospodin Kokošak promatrao svoje ljubimce kako lete po dvorištu, primijetio je neobičnu pticu koja se isticala svojom izuzetno šarenom i šarenom bojom perja. Bio je to papagaj s izrazito bujnom crvenom, plavom i zelenom bojom perja.

Gospodin Kokošak nije mogao vjerovati svojim očima. Papagaj je sletio na ogradu i počeo širiti svoja krila u znak dobrodošlice. Gospodin Kokošak je znao da je ova ptica nešto posebno i odlučio ju je odvesti kući.

Nakon što je papagaj dobio novo ime - Šarenko, gospodin Kokošak je shvatio da ovaj papagaj ima izvanredan talenat za govor. Mogao je reproducirati različite zvukove, glasove i izgovarati riječi na način koji je izazivao smijeh.

Gospodin Kokošak je odlučio iskoristiti ovaj talent Šarenka i započeti svoj vlastiti nastupni cirkus u selu. Napravio je posebno krilo u svom dvorištu gdje je postavio šator, trapez i druge cirkuske rekvizite. Cijelo selo je bilo uzbuđeno zbog dolaska cirkusa gospodina Kokoška.

Prva predstava je bila upravo pred vratima, a ulaznice su se rasprodale u tren oka. Ljudi su strpljivo čekali da vide što će gospodin Kokošak i Šarenko izvesti.

Kada se zavjesa podigla, gospodin Kokošak se pojavio u živopisnom odijelu i pozdravio publiku. Nakon toga, ušao je Šarenko, koji je zasjao svojim šarenim perjem i počeo izvoditi nevjerojatne trikove.

Šarenko je plesao na trapezu, izvodio salto mortale i čak znao odgovarati na pitanja iz publike. Bio je pravi zvijezda večeri, a gospodin Kokošak je bio ponosan na svoju nevjerojatnu pticu.

No, usred predstave, Šarenko je neočekivano počeo imitirati zvukove iz publike. Publika je bila zbunjena i nije znala što se događa. Papagaj je započeo zviždanje, kikotanje i čak oponašanje zvukova koje je čuo iz okoline. Bila je to prava smijurija.

Gospodin Kokošak je pokušao zadržati kontrolu nad Šarenkom, ali papagaj je bio nezaustavljiv. Izazivao je smijeh i veselje među publikom, koja je zaboravila na cirkusne trikove i usredotočila se samo na Šarenkove urnebesne imitacije.

Gospodin Kokošak je shvatio da je cirkus postao cirkus smijeha, a Šarenko je postao zvijezda zbog svojih nevjerojatnih imitacija. Umjesto trikova na trapezu, Šarenko je izvodio trikove iz svakodnevnog života, oponašajući zvukove kuhanja, mjaukanje mačke i čak zvukove mobitela.

Ubrzo, cirkus gospodina Kokoška postao je poznat po svom jedinstvenom smislu za humor. Ljudi su dolazili izdaleka samo kako bi se smijali Šarenkovim urnebesnim imitacijama. Gospodin Kokošak je shvatio da je najveći talent njegova ptica bio u tome da donese smijeh i radost ljudima.

Cirkus gospodina Kokoška postao je popularan diljem zemlje, a Šarenko je postao najpoznatiji papagaj u svijetu zabave. Gospodin Kokošak i Šarenko proputovali su brojna mjesta, ostavljajući iza sebe trake smijeha i osmijeha.

Na kraju, gospodin Kokošak shvatio je da nije važno raditi spektakularne trikove kako bi bio uspješan. Njegova prava snaga bila je u tome da donese radost i smijeh drugima. A uz Šarenka, smiješni papagaj, stvorio je najveseliji cirkus u svijetu.

I tako su gospodin Kokošak i Šarenko nastavili svoju smiješnu pustolovinu, oduševljavajući ljude i ostavljajući tragove smijeha gdje god su prošli. Jer ponekad, najveći dar koji možete pružiti drugima je osmjeh na licu i veselje u srcu.

The Hilarious Adventure of Mr. Rooster

Mr. Rooster was a peculiar man. His love for birds was extraordinary. His house was filled with feathers, birds chirping around, and cages stretching from floor to ceiling. People in the village called him "Mr. Rooster - the man who believed he was born a little bird."

One day, as Mr. Rooster observed his pets flying around the yard, he noticed an unusual bird that stood out with its exceptionally colorful and vibrant plumage. It was a parrot with vivid red, blue, and green feathers.

Mr. Rooster couldn't believe his eyes. The parrot landed on the fence and started spreading its wings in a welcoming gesture. Mr. Rooster knew that this bird was something special and decided to take it home.

After giving the parrot a new name - Polychrome, Mr. Rooster realized that this parrot had an extraordinary talent for speech. It could mimic various sounds, voices, and even speak words in a way that induced laughter.

Mr. Rooster decided to utilize Polychrome's talent and start his own circus in the village. He set up a special tent, trapeze, and other circus props in his yard. The entire village was excited about the arrival of Mr. Rooster's circus.

The first show was right at the doorstep, and tickets sold out in a blink of an eye. People patiently waited to see what Mr. Rooster and Polychrome would perform.

As the curtain lifted, Mr. Rooster appeared in a vibrant costume, greeting the audience. Soon after, Polychrome entered, shining with its colorful feathers, and began performing incredible tricks.

Polychrome danced on the trapeze, executed somersaults, and even answered questions from the audience. It became the star of the evening, and Mr. Rooster was proud of his incredible bird.

However, in the midst of the performance, Polychrome unexpectedly started imitating sounds from the audience. The audience was puzzled and didn't know what was happening. The parrot began whistling, cackling, and even mimicking sounds it heard from the surroundings. It was pure hilarity.

Mr. Rooster tried to regain control over Polychrome, but the parrot was unstoppable. It elicited laughter and joy among the audience, who forgot about the circus tricks and focused solely on Polychrome's uproarious imitations.

Mr. Rooster realized that the circus had turned into a circus of laughter, and Polychrome had become a star because of its incredible imitations. Instead of trapeze tricks, Polychrome performed tricks from everyday life, mimicking the sounds of cooking, a cat's meowing, and even mobile phone ringtones.

Soon enough, Mr. Rooster's circus became renowned for its unique sense of humor. People came from far and wide just to laugh at Polychrome's uproarious imitations. Mr. Rooster realized that the greatest talent of his bird was to bring laughter and joy to people.

Mr. Rooster's circus became popular across the country, and Polychrome became the most famous parrot in the world of entertainment. Mr. Rooster and Polychrome traveled to numerous places, leaving behind trails of laughter and smiles.

In the end, Mr. Rooster realized that it wasn't about performing spectacular tricks to be successful. His true strength lay in bringing joy and laughter to others. And with Polychrome, the hilarious parrot, he created the happiest circus in the world.

And so, Mr. Rooster and Polychrome continued their hilarious adventure, delighting people and leaving behind traces of laughter wherever they went. Because sometimes, the greatest gift you can give to others is a smile on their face and joy in their heart.

Tamara i čudesna pustolovina

Bila jednom jedna prekrasna, šarenilom obasjana dolina koja je bila dom mnogim životinjama. U toj čarobnoj dolini živjela je jedna posebna mala vjeverica po imenu Tamara. Tamara je imala nevjerojatnu maštu i sanjala o avanturama koje bi mogla doživjeti izvan granica svoje doline.

Svakog dana, Tamara bi trčala po drveću, skakala s grane na granu i maštala o tome što se nalazi iza brda i šuma koje je vidjela u daljini. Iako je voljela svoj dom, Tamara je osjećala da je vrijeme da krene na nevjerojatnu pustolovinu.

Jednog sunčanog jutra, Tamara se probudila s odlučnošću da krene na putovanje. Spakirala je svoj mali ruksak s hranom i vodom, i s velikim uzbuđenjem zaputila se prema šumi koja je ležala izvan doline.

Dok je prolazila kroz gustu šumu, Tamara je otkrivala nove mirise, zvukove i čaroliju koju je priroda pružala. Svakim korakom, srce joj je bilo ispunjeno radošću i uzbuđenjem.

Nakon nekoliko sati hoda, Tamara je naišla na tajanstvenu livadu. Na livadi je bio mali, šareni šator oko kojeg je lebdjela mirisna dimna zavjesa. Uzbuđena, Tamara je odlučila provjeriti što se nalazi unutra.

Kad je otvorila šator, Tamara je bila zapanjena. Unutra je bila grupa veselih životinja koje su organizirale malu proslavu. Bile su to lisica, zečevi, vjeverice i ptice koje su živjele u obližnjim šumama.

Životinje su srdačno pozdravile Tamaru i pozvale je da se pridruži njihovoj proslavi. Bilo je toplih osmjeha, pjesme i plesa. Tamara se osjećala kao da je pronašla svoje drugo obitelj.

Dok je provodila vrijeme s novim prijateljima, Tamara je čula priču o čarobnom jezeru smještenom duboko u šumi. Govorilo se da jezero ima posebnu moć ispuniti snove svakog bića koje se ogleda u njegovoj vodi.

Tamara je znala da je to prilika koju ne smije propustiti. Odlučila je krenuti prema jezeru i vidjeti hoće li se njezini snovi ostvariti.

Nakon dugog i uzbudljivog putovanja, Tamara je stigla do jezera. Bila je očarana njegovom ljepotom i mirnoćom. S nestrpljenjem je zaronila svoju šapu u vodu i pogledala svoj odraz.

U tom trenutku, čarolija jezera je djelovala. Tamara je postala svjesna da je postala hrabrija, mudrija i da je njena mašta dobila novu snagu. Bila je spremna suočiti se s bilo kojom pustolovinom koja će je dočekati.

Sada, s novom hrabrošću u srcu, Tamara je krenula natrag prema svojoj dolini. Ali ovaj put nije bila sama. Svoje nove prijatelje - lisicu, zečeve, vjeverice i ptice - vodila je natrag prema svojem domu.

Kada su se vratili u dolinu, Tamara i njezini prijatelji odlučili su podijeliti svoju pustolovnu duh s drugim životinjama. Organizirali su razne aktivnosti i igre, povezujući sve stanovnike doline i stvarajući snažnu zajednicu.

Tako je dolina postala mjesto čudesne pustolovine, gdje su se snovi ostvarivali i prijateljstva cvjetala. Tamara je bila središnja figura u svemu tome, vodila je svoje prijatelje kroz različite avanture i pokazivala im ljepotu svijeta izvan njihovih granica.

I tako su Tamara i njezini prijatelji nastavili živjeti u dolini, stvarajući nova prijateljstva, sanjajući nove snove i provodeći svoje vrijeme u veselju i radosti. Jer kad se hrabrost i mašta udruže, čuda se mogu dogoditi, čak i u najobičnijim mjestima.

Tamara and the Miraculous Adventure

Once upon a time, there was a beautiful valley bathed in a riot of colors, home to many animals. In that magical valley lived a special little squirrel named Tamara. Tamara had an incredible imagination and dreamed of adventures beyond the borders of her valley.

Every day, Tamara would run through the trees, jumping from branch to branch, and daydreaming about what lay beyond the hills and forests she saw in the distance. Although she loved her home, Tamara felt it was time to embark on an incredible adventure.

One sunny morning, Tamara woke up determined to set off on her journey. She packed her small backpack with food and water and set off with great excitement towards the forest that lay beyond the valley.

As she ventured through the dense forest, Tamara discovered new scents, sounds, and the enchantment that nature offered. With each step, her heart was filled with joy and anticipation.

After several hours of walking, Tamara came across a mysterious meadow. In the meadow stood a small, colorful tent surrounded by a fragrant veil of smoke. Excited, Tamara decided to see what was inside.

When she opened the tent, Tamara was amazed. Inside, there was a group of joyful animals who were organizing a little celebration. There were foxes, rabbits, squirrels, and birds that lived in the nearby woods.

The animals warmly welcomed Tamara and invited her to join their celebration. There were warm smiles, songs, and dances. Tamara felt like she had found her second family.

While spending time with her new friends, Tamara heard a story about a magical lake deep in the forest. It was said that the lake had the power to make the dreams of every being reflected in its waters come true.

Tamara knew that this was an opportunity she couldn't miss. She decided to make her way to the lake and see if her dreams would come to fruition.

After a long and thrilling journey, Tamara arrived at the lake. She was captivated by its beauty and tranquility. With anticipation, she dipped her paw into the water and looked at her reflection.

At that moment, the magic of the lake took effect. Tamara became aware that she had become braver, wiser, and that her imagination had gained new strength. She was ready to face any adventure that awaited her.

Now, with newfound courage in her heart, Tamara set off back towards her valley. But this time, she wasn't alone. She led her new friends - the foxes, rabbits, squirrels, and birds - back to her home.

When they returned to the valley, Tamara and her friends decided to share their adventurous spirit with other animals. They organized various activities and games, connecting all the inhabitants of the valley and creating a strong community.

Thus, the valley became a place of marvelous adventure, where dreams came true and friendships blossomed. Tamara was at the center of it all, leading her friends through different escapades and showing them the beauty of the world beyond their boundaries.

And so, Tamara and her friends continued to live in the valley, forging new friendships, dreaming new dreams, and spending their time in joy and happiness. For when bravery and imagination unite, wonders can happen, even in the most ordinary places.

Priča o kuharu

U srcu malog slikovitog gradića, skrivenog u dolini, nalazio se restoran "La Bella Cucina". Bio je to raj za gurmane i mjesto gdje su se najfinija jela rađala pod vještim rukama talentiranog chefa, Giorgia.

Giorgio je bio čarobnjak kulinarskih umijeća. Njegove kreacije na tanjuru bile su pravo remek-djelo - kombinacija okusa, boja i mirisa koji su oduševljavali sve goste koji bi zavirili u njegovu kuhinju. Giorgio je bio čovjek koji je vjerovao da hrana ima moć donijeti radost i ljubav ljudima.

Jednog sunčanog jutra, dok je pripremao za ručak, Giorgio je primijetio nešto neobično. Na svom stolu za rezanje, ugledao je malu, izgubljenu bilježnicu. Izgledala je staro i dotrajalo, slijedila je put svog vlasnika kroz mnoge kuhinje i brojna jela.

Giorgio je otvorio bilježnicu i počeo čitati. U njoj su bile zapisane nevjerojatne recepte, skice jela, bilješke o kombinaciji začina i tajanstveni zapisi o specijalnim sastojcima. Bila je to bilježnica koja je pripadala legendarnom kuharu iz prošlosti.

Giorgio je osjetio uzbuđenje i odlučio istražiti ove tajanstvene recepte. Odlučio je rekreirati jela koja su nekoć bila slavna, ali su s vremenom pali u zaborav.

Narednih nekoliko tjedana, Giorgio je s velikom strašću i predanošću istraživao ove tajne recepte. Pronašao je rijetke sastojke, usavršio tehnike kuhanja i pomno pratio originalne recepte. Svaki detalj, od omjera sastojaka do načina pripreme, bio je od ključne važnosti kako bi jelo bilo savršeno.

Konačno, došao je trenutak istine. Giorgio je organizirao poseban večernji meni inspiriran tajanstvenim receptima. Cijeli gradić je čuo za njegovu avanturu i dolazak novih jela, pa su se gosti u redu čekali da isprobaju ove gastronomske blago.

Večer je došla, a restoran "La Bella Cucina" bio je ispunjen mirisima i uzbuđenjem. Giorgio je pažljivo pripremio svako jelo, stavljajući svu svoju ljubav i strast u svaki tanjur.

Gosti su bili zadivljeni. Jela su donijela osjećaj nostalgije i zadovoljstva, vraćajući ih u prošla vremena i podsjećajući ih na sretne trenutke iz djetinjstva. Giorgio je postao junak, čovjek koji je oživio uspomene i donio sreću ljudima kroz svoju kuhinju.

Nakon te večeri, Giorgio je postao sve poznatiji. Ljudi iz cijelog grada dolazili su u "La Bella Cucina" kako bi iskusili njegova čarobna jela. Restoran je postao središte okupljanja, mjesto gdje su se stvarale nove uspomene, ljubav je cvjetala i prijateljstva su se rađala.

Giorgio je shvatio da je kuhinja bila više od samo mjesta za pripremu hrane. Bila je to pozornica na kojoj se životi susreću, gdje se ljubav širi kroz svaki zalogaj. Hrana je postala vezivno tkivo koje je povezivalo ljude i donosilo radost u njihove živote.

Svake večeri, Giorgio bi pripremio nove eksperimente i otkrića. Svojim inovativnim pristupom i strašću za kuhanje, oduševljavao je goste iznova i iznova.

Jednog dana, dok je čitao stare recepte, Giorgio je pronašao jedan poseban recept koji je bio zapisan na stranici s očaravajućim crtežom. Bio je to recept za jelo koje je donosilo sreću i blagostanje svakom tko ga je jeo.

Giorgio je znao da ovo jelo nije bilo samo za njegovu kuhinju. Odlučio je podijeliti svoje otkriće s ostatkom svijeta. Putovao je u udaljene zemlje, podučavao druge kuhare i otvarao restorane koji su slavili ljubav prema hrani i njezinu moć.

Dok je Giorgio putovao i dijelio svoju strast za kuhinjom, "La Bella Cucina" ostao je simbol ljubavi, radosti i kreativnosti. Ostavio je neizbrisiv trag u srcima svih ljudi koje je dotaknuo kroz svoje čarobne recepte.

Priča o kuharu, Giorgiu, nastavila se širiti širom svijeta. Njegova hrana i strast prema kuhanju postali su inspiracija za mnoge, a njegova ljubav donijela je radost i blagostanje u živote mnogih.

I tako, svijet je zahvaljujući ovom talentiranom kuharu otkrio da hrana nije samo hrana - ona je izvor radosti, sjećanja i ljubavi.

The Story of a Chef

In the heart of a picturesque small town, hidden in a valley, there stood a restaurant called "La Bella Cucina". It was a paradise for food enthusiasts and a place where the finest dishes were created under the skillful hands of a talented chef named Giorgio.

Giorgio was a culinary wizard. His creations on the plate were true masterpieces - a combination of flavors, colors, and aromas that delighted every guest who stepped into his kitchen. Giorgio believed that food had the power to bring joy and love to people.

One sunny morning, while preparing for lunch, Giorgio noticed something unusual. On his cutting table, he spotted a small, lost notebook. It looked old and worn, following the path of its owner through many kitchens and numerous dishes.

Giorgio opened the notebook and began to read. It contained incredible recipes, sketches of dishes, notes about spice combinations, and mysterious entries about special ingredients. It was a notebook that belonged to a legendary chef from the past.

Giorgio felt excitement and decided to explore these mysterious recipes. He decided to recreate dishes that were once famous but had fallen into obscurity over time.

For the next few weeks, Giorgio passionately and wholeheartedly delved into these secret recipes. He found rare ingredients, perfected cooking techniques, and meticulously followed the original recipes. Every detail, from the ingredient ratios to the method of preparation, was crucial to ensure the dish was perfect.

Finally, the moment of truth arrived. Giorgio organized a special evening menu inspired by the mysterious recipes. The whole town had heard about his adventure and the arrival of new dishes, so guests lined up eagerly to taste these culinary treasures.

The evening came, and "La Bella Cucina" was filled with tantalizing aromas and excitement. Giorgio carefully prepared each dish, infusing every plate with his love and passion.

The guests were amazed. The dishes evoked a sense of nostalgia and pleasure, transporting them back in time and reminding them of happy moments from their childhood. Giorgio became a hero, the man who brought memories to life and brought happiness to people through his kitchen.

After that evening, Giorgio became increasingly well-known. People from all over the town flocked to "La Bella Cucina" to experience his magical dishes. The restaurant became a gathering place, where new memories were created, love blossomed, and friendships were born.

Giorgio realized that the kitchen was more than just a place to prepare food. It was a stage where lives intersected, where love spread through every bite. Food became the binding thread that connected people and brought joy into their lives.

Every evening, Giorgio would prepare new experiments and discoveries. With his innovative approach and passion for cooking, he delighted guests time and time again.

One day, while reading through the old recipes, Giorgio stumbled upon a particular recipe that was written on a page adorned with a captivating illustration. It was a recipe for a dish that brought happiness and prosperity to anyone who ate it.

Giorgio knew that this dish was not meant only for his kitchen. He decided to share his discovery with the rest of the world. He traveled to distant lands, teaching other chefs and opening restaurants that celebrated the love for food and its power.

As Giorgio journeyed and shared his passion for cooking, "La Bella Cucina" remained a symbol of love, joy, and creativity. It left an indelible mark in the hearts of all the people he touched through his magical recipes.

The story of the chef, Giorgio, continued to spread throughout the world. His food and passion for cooking became an inspiration for many, and his love brought joy and prosperity into the lives of many.

And so, thanks to this talented chef, the world discovered that food is more than just sustenance - it is a source of joy, memories, and love.

Tajna zaboravljene knjižnice

U srcu malog slikovitog grada, skrivenog među brdima i prekrivenog šarmom starih zgrada, postojala je jedna posebna knjižnica. To nije bila obična knjižnica - bila je tajanstvena i magična, ispunjena skrivenim blagom znanja.

Knjižnica je nosila ime "Knjižnica zaboravljenih priča" i smjestila se u staroj viktorijanskoj zgradi koja je oduvijek izazivala divljenje među lokalnim stanovništvom. Ljudi su dolazili izdaleka kako bi posjetili ovu čarobnu oazu knjiga.

Ali ono što mnogi nisu znali bila je tajna koja je kriomice čuvala unutar zidova knjižnice. Jedan od knjižničara, gospodin Benjamin, bio je svjestan te tajne. On je bio čuvar magičnih priča i imao je poseban dar - mogao je oživjeti riječi na stranicama knjiga.

Jednog sunčanog jutra, gospodin Benjamin je krenuo prema knjižnici sa svojom vjernom mačkom, Kamilom. Kada su stigli, primijetili su da je uobičajeni smiraj knjiga zamijenjen vrtložnim metežem. Stranice knjiga su lepršale, a zrak je bio ispunjen magičnim sjajem.

Gospodin Benjamin je shvatio da nešto nije u redu. Krenuo je dalje, prolazeći hodnicima prekrivenim knjigama, i stigao do posebnog dijela knjižnice - tajanstvene sekcije "Zaboravljene priče".

U tom trenutku, primijetio je otvorena vrata koja vode u jednu sobu. Zabrinut, odlučio je ući i otkriti što se događa.

Unutra je zatekao prizor koji će zauvijek promijeniti njegov svijet. Soba je bila ispunjena knjigama koje su lebdjele u zraku, svaka stranica blistajući svojim vlastitim sjajem. Bio je to prizor iz snova - prizor književne čarolije koja se odvijala pred njegovim očima.

U sredini sobe, gospodin Benjamin primijetio je staru drvenu kutiju. Bio je siguran da je to izvor magičnog meteža. Odlučio je otvoriti kutiju i otkriti tajnu koja se skrivala unutar nje.

Kada je podigao poklopac, iz kutije se izlio plavi dim i iznenada se formirao mali, simpatični duh. Duh se predstavio kao Amelie, duh knjiga, koji je bio odgovoran za oživljavanje riječi u knjigama.

Amelie je objasnila gospodinu Benjaminu da je došlo do izvanrednog događaja - raskida magične veze između knjiga i knjižničara. Zbog toga su se knjige pobunile i odlučile istražiti svijet izvan svojih korica. No, sada su shvatile da im je potrebna pomoć da se vrate u svoje priče.

Gospodin Benjamin i Amelie su se složili da zajedno riješe ovu situaciju. Krenuli su kroz labirinte knjižnice, pretražujući svaki kutak u potrazi za izgubljenim knjigama.

Dok su prolazili kroz različite odjele, susreli su se s nevjerojatnim likovima iz priča koji su hodali među policama knjiga. Bila je to prilika za gospodina Benjamina da upozna svoje omiljene književne junake i razmjeni priče s njima.

Kako su istraživali, otkrili su da su knjige željele iskusiti svijet izvan stranica i pridružiti se avanturama koje su čitale. Zajedno s Amelie i gospodinom Benjaminom, knjige su se vraćale u svoje priče, ispunjavajući svaki redak i vraćajući mir u knjižnicu.

Kada su sve knjige ponovno bile na svojim mjestima, gospodin Benjamin je shvatio da je njegova knjižnica postala još posebnija. Sada je imala ne samo knjige, već i uspomene i prijatelje koje je stekao putujući kroz stranice.

Knjižnica zaboravljenih priča postala je popularna destinacija za posjetitelje, ne samo zbog knjiga koje su čuvali, već i zbog magične energije koja se osjećala u zraku. Ljudi su dolazili kako bi iskusili tu posebnu atmosferu i da bi osjetili povezanost između stvarnosti i fikcije.

Gospodin Benjamin i Amelie ostali su čuvari knjižnice, brinući se o knjigama i dijeleći priče s posjetiteljima. Njihova je suradnja postala simbol snage riječi i moći mašte.

I tako je, zahvaljujući njihovoj hrabrosti i strasti za knjigama, "Knjižnica zaboravljenih priča" postala legendarna, mjesto koje je obogatilo živote mnogih ljudi i pružilo im magiju čitanja i maštanja.

The Secret of the Forgotten Library

In the heart of a small picturesque town, nestled among hills and adorned with charming old buildings, there existed a special library. It wasn't an ordinary library - it was mysterious and magical, filled with hidden treasures of knowledge.

The library bore the name "The Library of Forgotten Tales" and resided in an old Victorian building that had always inspired awe among the locals. People came from far and wide to visit this enchanting oasis of books.

But what many didn't know was the secret that was clandestinely kept within the library's walls. One of the librarians, Mr. Benjamin, was aware of this secret. He was the guardian of magical stories and possessed a special gift - he could breathe life into the words on the pages of books.

One sunny morning, Mr. Benjamin set off towards the library with his faithful cat, Camilla. Upon arrival, they noticed that the usual calm of the books had been replaced by a swirling commotion. Pages fluttered in the air, and the atmosphere was filled with a magical glow.

Mr. Benjamin realized that something was amiss. He proceeded further, walking through hallways adorned with books, and arrived at a particular section of the library - the mysterious "Forgotten Tales" section.

At that moment, he noticed an open door leading to a room. Concerned, he decided to enter and uncover what was happening.

Inside, he discovered a sight that would forever change his world. The room was filled with books floating in the air, each page emitting its own radiant glow. It was a dream-like spectacle, a scene of literary enchantment unfolding before his eyes.

In the midst of the room, Mr. Benjamin noticed an old wooden box. He was certain that it was the source of the magical commotion. He decided to open the box and reveal the secret it held within.

As he lifted the lid, blue smoke billowed out, forming a small, endearing spirit. The spirit introduced herself as Amelie, the spirit of books, who was responsible for breathing life into the words within the books.

Amelie explained to Mr. Benjamin that an extraordinary event had occurred - a disruption of the magical bond between the books and the librarians. As a result, the books had rebelled and decided to explore the world beyond their covers. However, they had now realized that they needed assistance to return to their stories.

Mr. Benjamin and Amelie agreed to work together to resolve this situation. They embarked on a journey through the library's labyrinth, searching every nook and cranny for the lost books.

As they traversed through different sections, they encountered incredible characters from the stories walking among the bookshelves. It was an opportunity for Mr. Benjamin to meet his favorite literary heroes and exchange tales with them.

As they explored, they discovered that the books longed to experience the world beyond their pages and join in the adventures they had read. Together with Amelie and Mr. Benjamin, the books returned to their stories, filling every line and restoring tranquility to the library.

Once all the books were back in their rightful places, Mr. Benjamin realized that his library had become even more special. It now possessed not just books but also memories and friends he had made while traveling through the pages.

The Library of Forgotten Tales became a popular destination for visitors, not only for the books it held but also for the magical energy that permeated the air. People came to experience that unique atmosphere and to feel the connection between reality and fiction.

Mr. Benjamin and Amelie remained the guardians of the library, caring for the books and sharing stories with visitors. Their collaboration became a symbol of the power of words and the potency of imagination.

And so, thanks to their courage and passion for books, "The Library of Forgotten Tales" became legendary, a place that enriched the lives of many and provided them with the magic of reading and dreaming.

Tajanstveni slučaj iznad Velebita

U mirnom planinskom selu smještenom u blizini Velebita, živio je izniman detektiv po imenu Hugo. Hugo je bio čovjek s oštrom intuicijom i izvanrednom sposobnošću uočavanja detalja koje drugi često propuste. Bio je poznat po svojoj hrabrosti, ali i nevjerojatnoj pribranosti u najtežim situacijama.

Jednog sunčanog jutra, dok je Hugo pio svoju omiljenu šalicu čaja u svom malom uredčiću, dobio je tajanstveni poziv. Glas s druge strane žice zvučao je zabrinuto. Osoba koja je zvala bila je gospođa Matilda, poznata knjižničarka iz obližnjeg grada.

Gospođa Matilda je govorila o neobičnom događaju koji je zadesio njen grad. Knjige iz knjižnice počele su nestajati. Nije bilo tragova provala ni očitih razloga zašto bi netko ukrao knjige. To je bio misterij koji je zaokupio cijeli grad, a gospođa Matilda se obratila Hugu za pomoć.

Hugo nije mogao odoljeti pozivu za pomoć. Znao je da je knjiga za ljude više od običnih predmeta - one su biseri znanja i izvor nevjerojatnih priča. Odlučio je krenuti u grad i istražiti tajanstveno nestajanje knjiga.

Po dolasku u grad, Hugo je posjetio knjižnicu i upoznao gospođu Matildu. Ona mu je pokazala prostoriju u kojoj su knjige nestale. Nije bilo nikakvih vidljivih tragova, ali Hugo je znao da je svaki misterij poput slagalice - potrebno je pronaći prave komadiće i složiti ih u cjelinu.

Hugo je počeo razgovarati s ljudima koji su posjećivali knjižnicu. Upitao je o njihovim iskustvima i primijetio da su mnogi primijetili neobično svjetlo koje je zasjalo iznad Velebita u vrijeme nestanka knjiga. Bilo je to čudno, ali Hugo je znao da u misterijima često leže najnevjerojatniji odgovori.

Odlučio je istražiti Velebit i saznati ima li povezanosti između tajanstvenog svjetla i nestanka knjiga. Popeo se na vrh planine, osjećajući snagu prirode koja je okruživala tu divnu regiju. I tamo, na vrhu Velebita, primijetio je skriveni prolaz koji je vodio u špilju.

Ušao je u špilju, korak po korak, pažljivo prateći svaki trag. U dubini špilje, naišao je na čudan uređaj sličan hologramu koji je zračio svjetlost. Shvatio je da je to bila zasluga izvanredne tehnologije koja je bila skrivena duboko u Velebitu.

Dok je proučavao uređaj, Hugo je otkrio da je on bio odgovoran za nestanak knjiga. Uređaj je emitirao nevjerojatno privlačnu svjetlost koja je mamila ljude, privlačeći ih u svoj zagrljaj. Ljudi su bili zaslijepljeni i hipnotizirani, gubeći svijest o stvarnosti i zaboravljajući na knjige.

Hugo je znao da mora pronaći način da zaustavi ovu opasnost. Upotrijebio je svoje vještine i iskustvo kako bi deaktivirao uređaj i prekinuo njegovu moć privlačenja. Kada je to učinio, osjetio je olakšanje jer je znao da će knjige opet biti sigurne.

Vratio se u grad s vijestima o svojim otkrićima. Gospođa Matilda i građani bili su zahvalni Hugu na njegovoj hrabrosti i odlučnosti u rješavanju misterija nestanka knjiga.

Nakon toga, Hugo je organizirao poseban događaj u knjižnici - proslavu povratka knjiga. Ljudi su se okupili kako bi izrazili zahvalnost knjigama i shvatili njihovu važnost u njihovim životima. Knjižnica je ponovno postala središte zbivanja, mjesto gdje se okupljala zajednica, dijeleći svoje ljubavi prema riječima i pričama.

Hugo je shvatio da je svaka knjiga posebna, a svaka priča ima svoju moć. Kroz svoj rad kao detektiv, shvatio je da svaki misterij ima svoje rješenje, a svaki problem ima svoje rješenje. U njegovom srcu se rodila duboka ljubav prema riječima i spoznaja da su one ključ za razumijevanje svijeta.

I tako je Hugo ostao u malom planinskom selu, nastavljajući rješavati misterije i štititi ljude od opasnosti. Svaki dan je obogaćen novim pričama, novim avanturama i dubokim razumijevanjem snage riječi.

The Mysterious Case Above Velebit

In a peaceful mountain village nestled near Velebit, lived an exceptional detective named Hugo. Hugo was a man with sharp intuition and an extraordinary ability to notice details that others often overlooked. He was known for his bravery and remarkable composure in the toughest situations.

One sunny morning, while enjoying his favorite cup of tea in his small office, Hugo received a mysterious phone call. The voice on the other end sounded worried. The caller was Mrs. Matilda, a well-known librarian from a nearby town.

Mrs. Matilda spoke about an unusual event that had befallen her town. Books from the library had started to disappear. There were no signs of break-ins or obvious reasons why someone would steal the books. It was a mystery that had captivated the entire town, and Mrs. Matilda turned to Hugo for help.

Hugo couldn't resist the call for assistance. He knew that books meant more to people than mere objects—they were pearls of knowledge and a source of incredible stories. He decided to go to the town and investigate the mysterious disappearance of the books.

Upon arriving in the town, Hugo visited the library and met Mrs. Matilda. She showed him the room where the books had gone missing. There were no visible traces, but Hugo knew that every mystery was like a puzzle—pieces needed to be found and assembled to form the whole picture.

Hugo began talking to the people who frequented the library. He inquired about their experiences and noticed that many had seen an unusual light shining above Velebit at the time of the book disappearances. It was peculiar, but Hugo knew that in mysteries, the most extraordinary answers often lay hidden.

He decided to explore Velebit and see if there was any connection between the mysterious light and the vanishing books. He climbed to the top of the mountain, feeling the power of nature that surrounded that beautiful region. And there, at the peak of Velebit, he noticed a hidden passage leading into a cave.

He entered the cave, step by step, carefully following every clue. In the depths of the cave, he came across a peculiar device resembling a hologram that emitted light. He realized that it was the result of extraordinary technology hidden deep within Velebit.

As he studied the device, Hugo discovered that it was responsible for the book disappearances. The device emitted an incredibly alluring light that lured people, drawing them into its embrace. People were blinded and hypnotized, losing awareness of reality and forgetting about books.

Hugo knew he had to find a way to stop this danger. He utilized his skills and experience to deactivate the device and sever its power of attraction. When he succeeded, he felt a sense of relief, knowing that the books would be safe once again.

He returned to the town with news of his discoveries. Mrs. Matilda and the townspeople were grateful to Hugo for his courage and determination in solving the mystery of the book disappearances.

Afterward, Hugo organized a special event in the library—a celebration of the books' return. People gathered to express their gratitude to the books and recognize their significance in their lives. The library once again became a hub of activity, a place where the community came together, sharing their love for words and stories.

Hugo realized that each book was special, and each story had its own power. Through his work as a detective, he came to understand that every mystery had a solution, and every problem had an answer. In his heart, a deep love for words was born, along with the realization that they were the key to understanding the world.

And so, Hugo remained in the small mountain village, continuing to solve mysteries and protect people from harm. Each day was enriched with new stories, new adventures, and a profound understanding of the power of words.

www.ingramcontent.com/pod-product-compliance
Lightning Source LLC
Chambersburg PA
CBHW050604160726
48003CB00003B/1038